Apabila Saya Bermuram
When I Am Gloomy

Sam Sagolski
Ilustrasi oleh Daria Smyslova

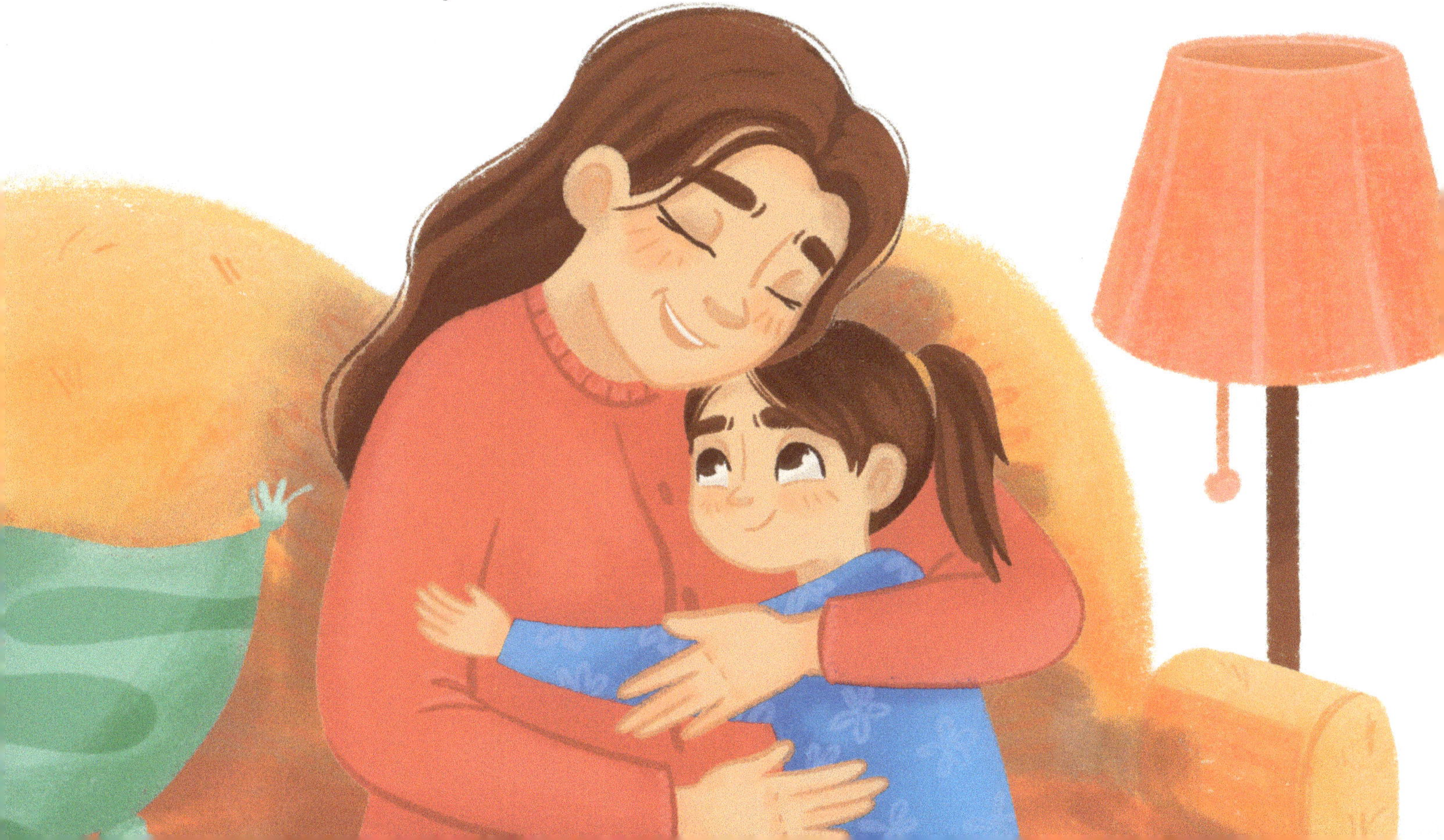

www.kidkiddos.com
Copyright ©2025 by KidKiddos Books Ltd.
support@kidkiddos.com

All rights reserved. No part of this book may be reproduced in any form or by any electronic or mechanical means, including information storage and retrieval systems, without written permission from the publisher, except in the case of a reviewer, who may quote brief passages embodied in critical articles or in a review.
First edition, 2025

Translated from English by Najibah Abu Bakar
Terjemahan daripada bahasa Inggeris oleh Najibah Abu Bakar

Library and Archives Canada Cataloguing in Publication
When I Am Gloomy (Malay English Bilingual edition)/Shelley Admont
ISBN: 978-1-0497-0261-2 paperback
ISBN: 978-1-0497-0262-9 hardcover
ISBN: 978-1-0497-0263-6 eBook

Please note that the Malay and English versions of the story have been written to be as close as possible. However, in some cases they differ in order to accommodate nuances and fluidity of each language.

Suatu pagi yang mendung, saya bangun dengan rasa muram.

One cloudy morning, I woke up feeling gloomy.

Saya bangun dari katil, membungkus diri saya dalam selimut kegemaran, dan berjalan masuk ke ruang tamu.

I got out of bed, wrapped myself in my favorite blanket, and walked into the living room.

"Ibu!" saya memanggil. "Saya dalam mood tidak baik."
"Mommy!" I called. "I'm in a bad mood."

"Ibu mendongak daripada bukunya. "Tidak baik? Kenapa kamu berkata begitu, sayang?" dia bertanya.
Mom looked up from her book. "Bad? Why do you say that, darling?" she asked.

"Lihatlah wajah saya!" Saya berkata, menunjuk kepada kening saya yang berkerut. Ibu senyum dengan lembut.
"Look at my face!" I said, pointing to my furrowed brows. Mom smiled gently.

"Saya tidak mempunyai wajah yang gembira hari ini," saya menggumam. "Adakah Ibu masih sayangkan saya apabila saya muram?"
"I don't have a happy face today," I mumbled. "Do you still love me when I'm gloomy?"

"Sudah tentu Ibu sayang," Ibu berkata. *"Apabila kamu muram, Ibu mahu berada dekat dengan kamu, memberi kamu pelukan yang erat, dan menggembirakan kamu."*

"Of course I do," Mom said. "When you're gloomy, I want to be close to you, give you a big hug, and cheer you up."

Itu menjadikan saya berasa lebih baik, tetapi hanya seketika, kerana kemudian saya mula berfikir tentang semua mood saya yang lain.

That made me feel a little better, but only for a second, because then I started thinking about all my other moods.

"Jadi... Ibu masih sayangkan saya apabila saya marah?"
"So... do you still love me when I'm angry?"

Ibu tersenyum lagi. "Sudah tentu Ibu sayang!"
Mom smiled again. "Of course I do!"

"Adakah Ibu pasti?" Saya bertanya, menyilangkan lengan saya.
"Are you sure?" I asked, crossing my arms.

"Walaupun apabila kamu marah, Ibu masih Ibu kamu. Dan Ibu sayangkan kamu sama sahaja."

"Even when you're mad, I'm still your mom. And I love you just the same."

Saya mengambil nafas panjang. "Bagaimanakah pula apabila saya malu?" Saya berbisik.

I took a big breath. "What about when I'm shy?" I whispered.

"Ibu sayang kamu apabila kamu malu juga," dia berkata. "Ingat apabila kamu bersembunyi di belakang Ibu dan tidak mahu bercakap dengan jiran baharu?"

"I love you when you're shy too," she said. "Remember when you hid behind me and didn't want to talk to the new neighbor?"

Saya menggangguk. Saya mengingatinya dengan baik.

I nodded. I remembered it well.

"Dan kemudian kamu berkata helo dan mendapat kawan baharu. Ibu sangat bangga dengan kamu."

"And then you said hello and made a new friend. I was so proud of you."

"Adakah Ibu masih sayangkan saya apabila saya bertanya terlalu banyak soalan?" Saya bertanya lagi.

"Do you still love me when I ask too many questions?" I continued.

"Apabila kamu bertanya banyak soalan, seperti sekarang, Ibu dapat melihat kamu belajar perkara baharu yang menjadikan kamu lebih pintar dan kuat setiap hari," Ibu menjawab. *"Dan ya, Ibu masih sayangkan kamu."*

"When you ask a lot of questions, like now, I get to watch you learn new things that make you smarter and stronger every day," Mom answered. "And yes, I still love you."

"Bagaimanakah jika saya berasa tidak mahu bercakap langsung?" Saya terus bertanya.

"What if I don't feel like talking at all?" I continued asking.

"Mari sini," dia berkata. Saya memanjat ke ribanya dan merehatkan kepala saya pada bahunya.

"Come here," she said. I climbed into her lap and rested my head on her shoulder.

"Apabila kamu tidak berasa ingin bercakap dan hanya ingin diam, kamu mula menggunakan imaginasi kamu. Ibu suka melihat apa yang kamu cipta," Ibu menjawab.

"When you don't feel like talking and just want to be quiet, you start using your imagination. I love seeing what you create," Mom answered.

Kemudian dia berbisik di telinga saya, "Saya juga sayangkan kamu apabila kamu diam."

Then she whispered in my ear, "I love you when you're quiet too."

"Tapi adakah Ibu masih sayangkan saya apabila saya takut?" Saya bertanya.

"But do you still love me when I'm afraid?" I asked.

"Sentiasa," kata Ibu. "Apabila kamu takut, Ibu bantu kamu periksa supaya tiada apa-apa raksasa di bawah katil atau di dalam almari."

"Always," said Mom. "When you're scared, I help you check that there are no monsters under the bed or in the closet."

Dia mencium saya di atas dahi. "Kamu amat berani, buah hatiku."

She kissed me on the forehead. "You are so brave, my sweetheart."

"Dan apabila kamu letih," dia menambah dengan lembut, "Ibu akan menyelimuti kamu dengan selimut kamu, membawakan kamu patung beruang kamu, dan menyanyikan kamu lagu istimewa kita."

"And when you're tired," she added softly, "I cover you with your blanket, bring you your teddy bear, and sing you our special song."

"Bagaimanakah kalau saya mempunyai tenaga terlalu banyak?" Saya bertanya, sambil bangun melompat.

"What if I have too much energy?" I asked, jumping to my feet.

Dia ketawa. "Apabila kamu penuh bertenaga, kita pergi berbasikal, lompat tali, atau berlari keliling di luar bersama-sama. Ibu suka melakukan semua perkara itu dengan kamu!"

She laughed. "When you're full of energy, we go biking, skip rope, or run around outside together. I love doing all those things with you!"

"Tapi adakah Ibu sayangkan saya apabila saya tidak mahu makan brokoli?" Saya menjelirkan lidah saya.

"But do you love me when I don't want to eat broccoli?" I stuck out my tongue.

Ibu ketawa kecil. "Seperti masa itu kamu memberikan brokoli kamu kepada Max? Dia amat menyukainya."

Mom chuckled. "Like that time you slipped your broccoli to Max? He liked it a lot."

"Ibu nampak?" Saya bertanya.
"You saw that?" I asked.

"Sudah tentu Ibu nampak. Dan Ibu masih sayangkan kamu, pada ketika itu."
"Of course I did. And I still love you, even then."

Saya berfikir seketika, kemudian bertanya satu soalan terakhir:

I thought for a moment, then asked one last question:

"Ibu, jika kamu sayangkan saya apabila saya muram atau marah… adakah Ibu masih sayangkan saya apabila saya gembira?"

"Mommy, if you love me when I'm gloomy or mad… do you still love me when I'm happy?"

"Oh, buah hati Ibu," dia berkata, memeluk saya lagi, "apabila kamu gembira, Ibu pun gembira juga."

"Oh, sweetheart," she said, hugging me again, "when you're happy, I'm happy too."

Dia mencium saya di atas dahi dan berkata, "Ibu sayangkan kamu apabila kamu gembira sama seperti Ibu sayangkan kamu apabila kamu sedih, atau marah, atau malu, atau letih."

She kissed me on the forehead and added, "I love you when you're happy just as much as I love you when you're sad, or mad, or shy, or tired."

Saya mengerekot rapat dan tersenyum. "Jadi… Ibu sayang saya sepanjang masa?" Saya bertanya.

I snuggled close and smiled. "So… you love me all the time?" I asked.

"Sepanjang masa," dia berkata. "Setiap mood, setiap hari, Ibu sayang kamu sentiasa."

"All the time," she said. "Every mood, every day, I love you always."

Ketika dia bercakap, saya mula berasakan sesuatu yang hangat dalam hati saya.

As she spoke, I started feeling something warm in my heart.

Saya memandang ke luar dan melihat awam berarak pergi. Langit bertukar biru, dan matahari pun keluar.

I looked outside and saw the clouds floating away. The sky was turning blue, and the sun came out.

Nampaknya ia akan menjadi satu hari yang cantik juga akhirnya.

It looked like it was going to be a beautiful day after all.

www.ingramcontent.com/pod-product-compliance
Lightning Source LLC
LaVergne TN
LVHW072111060526
838200LV00061B/4859